Marceline Putnai

SIGMA

Ernst Klett Verlag
Stuttgart · Leipzig

SHÔMA
SAHOLÉ
RUMI

ZAG
RAJA
MIKHIL
XIÃO-MEN
NANIT

Les différents mondes et leurs habitants

Les Zones: C'est un monde où habitent les survivants d'une grande catastrophe climatique et un endroit très gris et sale. Les habitants sont pauvres et s'appellent les *Klims* (les exilés climatiques). Le programme informatique SIGMA contrôle toute la vie des *Klims* grâce à des casques. Ils passent beaucoup de temps sur le réseau social *BeHappy* et ils jouent à des jeux vidéo.

Le Condo: Les habitants des Zones ne connaissent pas le Condo, mais le Condo contrôle les Zones parce qu'il a inventé SIGMA. Les habitants du Condo s'appellent les *Néos*. Grâce au programme *NewBorn*, ils sont intelligents et en bonne santé. Le Condo a une armée qui s'appelle Wargame. Cette armée est aussi dans les Zones.

La NoGoZo: C'est la zone interdite. Il y a des *Klims* qui vont là-bas mais ils ne racontent rien quand ils reviennent. Il y a beaucoup de soldats dans cette zone. C'est aussi l'endroit où on fait le recyclage des déchets du Condo.

Le territoire des Samis: C'est un territoire que les *Néos* ont découvert avec le programme *NewGenesis*.

Table des matières

1 Le monde de Shôma

Je m'appelle Shôma. Je ne sais pas quel âge j'ai. Vraiment pas! Ce n'est pas très important. Il y a d'autres choses importantes, par exemple: sortir du lit quand la nuit arrive et qu'il fait enfin moins chaud…! Puis, à 1 heure du matin, sortir pour aller chercher à manger. Après notre réveil, notre puce électronique fait un petit bruit. On a alors dix minutes maximum pour mettre le casque et se connecter.

- Ding. Bonjour, nous sommes le 10 mai 2098. Bienvenue pour cette nouvelle journée avec SIGMA. Tu es Shôma, numéro 2ZF456, Zone 3, quartier 45, bloc 12.

Après, avec le casque, on peut sortir. SIGMA nous envoie aussi des odeurs et des couleurs. On ne sait pas comment c'est dehors, on ne doit pas discuter de ça. Moi, je pense qu'il n'y a plus de couleurs. Je pense aussi que ça pue. C'est pour ça qu'on doit mettre le casque et écouter SIGMA.
Je marche vite, je déteste attendre dans la rue. C'est très dangereux. Je retrouve Rumi et Saholé devant le magasin. Ils habitent le quartier 76, c'est assez loin. Ils sont voisins. Eux, ils ont encore leur mère et leur père. On ne parle pas, on attend plus tard.

Devant le bâtiment, il y a déjà beaucoup de monde et beaucoup de stress. Les gens sont énervés. C'est toujours comme ça avant de manger. Mais quand on mange le «pain nouveau» et qu'on boit «l'eau nouvelle», après quelques secondes, on est vraiment bien.
SIGMA pense pour nous. L'application sait toujours où je suis, elle connaît mon poids, ma taille et je suis sûr qu'elle connaît aussi mon âge. Avec tout ça, elle sait même combien de nourriture il faut pour moi.
Devant le magasin, il y a des soldats de Wargame. Wargame, c'est le nom de l'armée qui contrôle les Zones. L'armée Wargame est partout. On ne sait pas combien il y a de Zones; je pense qu'il y en a cinq, mais je ne suis pas sûr. L'armée Wargame le sait. Je n'ai pas le droit de penser à l'armée. Si je pense, SIGMA va savoir et je vais avoir des problèmes.

Je suis tout seul depuis des années, mais avec le temps, j'ai compris des choses. J'ai compris que je ne dois pas penser avec le casque sur la tête. Quand on n'a pas le casque, c'est le Grand Sommeil, de 8 heures du matin à 18 heures. Pendant le Grand Sommeil, les casques sont dans une caisse de refroidissement.

On mange et on boit deux fois par jour. Le pain du matin ressemble au pain du soir mais ils sont très différents. Après le pain et l'eau du soir, on est contents et on a de l'énergie: on

peut rester en ligne et jouer toute la nuit. Ensuite, on prend le pain et l'eau du matin quand le soleil arrive et qu'il fait très chaud. Alors, l'heure du Grand Sommeil arrive très vite.
Avant le Grand Sommeil, SIGMA vérifie d'abord tout – les pulsations, la respiration – et puis nous pouvons quitter le site Internet et l'application et dormir. Mais moi je n'aime pas dormir tout de suite, je veux réfléchir. Alors, pendant des mois, j'ai fait des exercices tout seul et j'ai appris à rester éveillé. C'est très difficile après l'eau et le pain, mais maintenant, je peux rester éveillé vingt minutes avant le Grand Sommeil sans le casque. Pendant ces minutes, je peux penser à tout. Je pense que je déteste l'armée Wargame. Je pense à mes parents qui ne sont plus là. J'ai presque oublié ma mère, elle est morte. Je pense que je suis seul. Je pense que je suis triste. Pendant ces minutes, je peux aussi poser toutes les questions qui n'ont pas de réponse. Pourquoi dois-je vivre ici? Ai-je une chance de revoir mon père un jour? Que trouve-t-on derrière les Zones? Cette dernière question est très dangereuse.

2 AvatarAnimal

Vers 2 heures du matin, je rentre chez moi. Je ferme la porte. J'allume tous les écrans. Je suis sur mon application préférée: AvatarAnimal. Aujourd'hui, je ne veux pas être comme hier. J'aime être différent chaque jour. Je choisis un animal. Il est très grand et fort avec des poils et des petites oreilles. Il s'appelle Ursus. Il est super. Moi, je suis trop jeune, je n'ai jamais vu des vrais animaux. Mais mon père m'a parlé de son chien Luigi qui est mort avant la grande catastrophe.

Bon, voilà, le jeu commence. Ursus marche et je sens les bras et les jambes qui bougent. Waouh, je suis super fort! Les couleurs sont géniales! C'est un monde fantastique avec du vert, du rouge, du bleu, du jaune... SIGMA appelle ça des fleurs, des arbres, des plantes... Rumi et Saholé disent que ça n'a jamais existé. Ensuite, les odeurs arrivent, et ça, j'adore! À ce moment-là, je ne pense plus à rien, je suis parti, j'ai quitté ma vie... Je suis heureux, presque.

Je vais retrouver Rumi et Saholé. Je les cherche pendant dix minutes, puis je vois Rumi. Il est à côté d'un grand arbre, il a des trucs bizarres sur la tête et des grands yeux marron.
– T'es trop beau, Rumi! Tu es quoi?
– Cool, hein! C'est Cervus. Je l'adore. Et toi, tu es Ursus?
– Oui, c'est ça! Tu l'as déjà eu?
– Oui, je l'aime bien!
– Mais où est Saho...

Pas le temps de finir ma phrase! Il y a quelque chose qui tombe sur moi et je sens des petites mains sur mes yeux.

– Mais qu'est-ce que…?

Je tourne vers la droite, vers la gauche! Mes pattes sont trop grosses. Alors, je commence à crier très fort, des cris d'Ursus!

J'entends la voix de Saholé. Elle a eu peur!

– Oh là, arrête! C'est bon, je descends, d'accord.

Elle saute et elle est devant moi.

– Je suis Cebus! Il est super! Il va vite et il monte même dans les arbres, c'est génial! Allez, c'est parti, venez avec moi! J'ai vu un endroit où on peut nager et l'eau est super bonne!

On va passer des heures comme ça ensemble. En moyenne, on change de jeu une ou deux fois par nuit.

3 La grande mise à jour

Aujourd'hui, l'actualité, c'est la grande mise à jour de SIGMA. C'est un jour très spécial que tout le monde attend. On va avoir des surprises, des nouvelles applications. Si on n'a pas perdu de points pendant le mois, on peut prendre tous les abonnements qu'on veut. On peut aussi avoir les tutoriels et les podcasts.
Ça commence toujours par une annonce dans SIGMA. C'est un journaliste qui parle:
– SIGMA souhaite une bonne mise à jour aux habitants des Zones. Voici les nouvelles du jour! SIGMA a amélioré la recette du pain nouveau. Nous allons maintenant voir plus de détails et de couleurs dans tous les jeux et les applications.

Mon père m'a déjà parlé des vrais journalistes. Il m'a dit qu'avant, il y a eu plusieurs médias. Il a appelé ça la «télévision», les «magazines» et d'autres noms que j'ai oubliés. Il m'a raconté que quelques journalistes ont essayé de donner des informations, de dire la vérité sur la grande catastrophe. Mais ils ont tous disparu. Je n'ai pas vraiment compris.
Le jour où il m'a raconté ça, mon père a mal dormi. Il n'a pas mangé son pain nouveau, il n'a pas bu son eau nouvelle.
Après, je ne sais pas parce que le Grand Sommeil est arrivé pour moi. Je n'ai jamais revu mon père.

4 GrandeÉvasion

J'ai cherché les nouveaux jeux dans la grande mise à jour. Il y a une nouvelle application qui s'appelle GrandeÉvasion. Ça a l'air vraiment bien, mais c'est super cher. Tant pis. Je clique et SIGMA me demande:

- Shôma, choisis-tu GrandeÉvasion?

– Oui, SIGMA. Je télécharge. J'ai assez de points sur mon compte pour le mois.

- Shôma, c'est exact. Le système a vérifié. SIGMA a créé ce jeu pour les habitants des Zones qui respectent les lois. Shôma, consomme et sois heureux!

Je suis trop impatient de me connecter. Rumi et Saholé vont adorer aussi. Je les retrouve sur l'application BeHappy. BeHappy, c'est le réseau social des Zones où on peut rencontrer des gens. On peut les inviter pour discuter ou leur proposer de jouer ensemble. Si j'invite une personne à un jeu et si la personne est d'accord, SIGMA me donne deux points. Je suis super fort pour ça! J'écris à Saholé:

– Nouveau jeu. GrandeÉvasion! Tu viens?

Quelques secondes passent.

– Très cool, mais trop cher!

Un message de Rumi:

– Pour moi aussi! Je n'ai plus de points pour acheter le jeu... On va voir le mois prochain.

Mais bien sûr, je sais bien que Rumi arrive souvent en retard quand il va chercher son eau et son pain. Il perd tous ses points comme ça. Et je sais aussi que Saholé a une sœur malade et que les points sont pour les médicaments. Je ne réfléchis pas assez. Comme a toujours dit papa: «Réfléchissons puis agissons!»

Le casque fait un bruit. J'ai un message de SIGMA:
- Signal cérébral interdit. Shôma, pense au jeu, consomme et sois heureux. Ce message est un avertissement, tu ne perds pas de points.

Ok, compris. Je décide alors de rentrer dans GrandeÉvasion. C'est fou, on est dans un labyrinthe énorme qui change de forme à chaque seconde. On est dans une ville et puis une seconde après on est sous la terre, dans des tunnels, des catacombes, puis sous l'eau et partout, il y a des endroits cachés, des portes, des grottes... Très vite, j'oublie tout!

5 Le passage

J'ai passé une semaine dans GrandeÉvasion. À chaque fois, c'est très difficile de quitter le jeu. Quand je dors, même dans mes rêves, je suis toujours et encore dans le jeu et je sais que SIGMA aime ça. J'ai eu des points en plus!

Aujourd'hui, il fait une chaleur horrible. Il n'y a plus d'air dans la pièce. Dehors, il y a des cris. Les gens sont très énervés et agressifs. Les drones vont sûrement venir pour vérifier les conversations et enregistrer les images. Ce sont les espions de SIGMA.

J'ai vu Rumi et Saholé devant le magasin. Rumi me dit que son père est parti. Je sais que le père de Rumi va souvent dans la dernière zone, loin derrière le quartier 76, la «NoGoZo» pour NoGoZone. Il y a beaucoup de gens des Zones qui vont souvent là-bas. On ne sait pas pourquoi. Le père de Rumi reste plusieurs semaines et il revient. Il ne raconte rien. On dit qu'on peut tout acheter et tout vendre dans la NoGoZo. On dit aussi que l'armée Wargame vient de la NoGoZo.

***

Enfin, je suis revenu dans GrandeÉvasion. Je marche dans un tunnel sous une montagne. Il y a de la neige sur la montagne. Je ne sais pas si tout ça a existé un jour. Je ne pense pas, c'est beaucoup trop beau! J'ai choisi mon avatar fluide: pas fille, pas garçon. Il s'appelle Nel. Nel est petit et rapide, il peut entrer partout.

Je cherche des indices, des passages pour sortir du tunnel. Je vais trouver, je trouve toujours. Je suis numéro un sur le jeu depuis trois jours! Je tourne, je regarde partout. Tout à coup, à droite, il y a un trou qui apparaît avec une lumière bleue. Le trou disparaît deux secondes plus tard. C'est sans doute un piège, un faux chemin. Mais je vais vérifier. Je suis devant l'endroit, mon avatar Nel met sa main sur le mur. Il est très froid. La main de Nel est blanche et j'ai mal aux doigts aussi.

Ça fait super mal. Je sens le froid qui monte dans ma tête, c'est horrible. Tout à coup, j'entends un petit bruit et je vois l'écran de contrôle mental de SIGMA qui s'éteint. Mais qu'est-ce que c'est? Ce n'est pas possible!

Au même moment, le trou est revenu au même endroit dans le mur. Nel tombe dans le trou.

6 Zag

– Salut, ça va?

Il y a une fille qui me regarde. Autour de nous, on ne voit rien. On est dans un espace vide et bleu. Il n'y a rien, pas de début, pas de fin.

Son avatar n'est vraiment pas génial, il est très normal. Elle a les cheveux courts et noirs, des yeux marron.

– Eh, je te parle. Ça va?
– Oui, ça va. Mais on est où, là? C'est bizarre… Je suis Nel et…
– Non, non, tu n'es pas Nel. Nel, c'est ton avatar qui joue ici depuis des semaines. Tu es Shôma, n'est-ce pas? Quartier 45?
– Comment tu sais ça, toi? Dans le jeu, on ne peut pas savoir ça.
– On peut faire beaucoup de choses, Shôma. Il faut seulement apprendre. Il faut aussi rencontrer les personnes qui savent. Il faut les écouter et leur poser les bonnes questions.
Elle m'énerve un peu cette fille! Mais j'ai vraiment envie de lui poser des questions.
– Et toi, tu es qui?
– Moi, je suis Zag.
– Ah ok. Quel quartier alors?
Elle hésite, elle me regarde et sourit.
– Je n'habite pas les Zones. Je suis du Condo.
– Comment ça, tu n'habites pas les Zones? C'est quoi le Condo?
– Oui, bien sûr, tu ne connais pas le Condo. Mais le Condo te connaît. Le Condo s'occupe de tout. Il a créé le pain nouveau et l'eau nouvelle pour vous et il a aussi créé SIGMA!
– Mais qu'est-ce que tu racontes? Je ne comprends rien! Et mon casque…?

– Oublie le casque une seconde. Je l'ai arrêté. On est hors contrôle, dans un autre espace et dans un autre temps. Ça s'appelle une «FreeBulle». C'est cool comme nom, tu ne trouves pas? J'ai inventé ça. J'ai sécurisé pendant plusieurs semaines, j'ai cherché ton profil dans le jeu et je t'ai trouvé! C'est vrai que tu es parfait! Intelligent, rapide, discret!
– Euh… mais tu n'as pas le droit! C'est du cyberharcèlement!
– Shôma, qu'est-ce que tu racontes? Tu ne sais rien! Mais bon, normal, tu es un Klim!

– Un quoi?
– Un Klim! Tu ne sais pas que tu es un Klim, bien sûr. Vous êtes tous des Klims, tous les gens des Zones sont des Klims.

Mais je ne comprends plus rien. Cette fille est folle et elle m'énerve! Je sens que je suis en colère maintenant.
– Mais enfin, tu dis toujours «nous» et «vous». C'est qui NOUS et c'est qui VOUS?
– Vous êtes les Klims, les exilés climatiques. Vous êtes les survivants. Après la grande catastrophe, les créateurs du Condo, des personnes très importantes, ont créé les Zones pour vous. C'est le seul endroit où on peut encore respirer. Et nous, nous sommes les Néos. Nous habitons le Condo. Nous ne vivons pas dehors. Nous habitons des bâtiments hyper modernes et nous fabriquons notre oxygène et notre énergie.
– C'est quoi cette histoire?
Je suis perdu…
– Attends, je vais te présenter mon Condo et ses habitants, nous, les Néos! J'ai téléchargé les vidéos dans la FreeBulle. Regarde!

7 Les lois du Condo

«Voilà mon Condo. Nous, on ne sort jamais. Seulement les soldats et les médecins peuvent quitter le Condo. Et nos déchets le quittent aussi! On les envoie dans la zone des déchets, la NoGoZo chez les Klims. Très écologique! Chez nous, c'est propre et chez vous, c'est sale! En fait vous travaillez pour nous et vous ne le savez pas.»

«Dans le Condo, tout le monde a un travail. Moi, je suis encore apprentie et je vais bientôt devenir experte du SystèMère. Le SystèMère, c'est le programme général du Condo. C'est hyper complexe. Il y a des millions d'applications, c'est un énorme réseau social. Votre SIGMA en est une très petite partie!»

«Et voici ma mère, Raja. C'est la numéro 3 du Condo. Tu imagines, c'est vraiment une personne très très très importante! En moyenne, on échange dix mots par jour. Dans le Condo, on te vérifie chaque semaine. Pas de graisse, pas de rides. Ma mère arrive à tout changer, c'est le programme NewBorn. Elle fait tous ses essais sur des Klims qu'elle prend dans la NoGoZo.»

«Et lui, c'est Xiāo-Men. C'est un fondateur. Les fondateurs, ce sont les personnes qui ont créé le Condo après la grande catastrophe. Dans le monde d'avant, ils ont été des gens très riches et très importants. Bon, regarde bien Xiāo-Men. Lui, il ne pense pas comme les autres personnes dans le Condo. Il ne comprend pas pourquoi notre Condo est devenu comme cela. Il n'a jamais voulu cela. Au début, Xiāo-Men et quelques autres fondateurs ont voulu créer un monde solidaire et pacifique. Xiāo-Men est mon professeur depuis des années. Avec lui, j'ai tout appris et j'ai tout compris. Tu vas le rencontrer bientôt! On reste en contact, Shôma!»

8 Petite porte

J'ai quitté la… comment est-ce que Zag appelle ça déjà? La FreeBulle de Zag. Mon casque fait un petit bruit et une lumière rouge arrive. – signal cérébral anormal – J'entends la voix de SIGMA:

`- Shôma, quitte le jeu GrandeÉvasion. Entre dans l'application BeHappy et commence une heure de méditation pour retrouver le calme. Tu perds deux points. Tu ne peux plus rentrer dans le jeu GrandeÉvasion pendant trois jours.`

Oh non, je déteste ces heures de méditation. C'est nul. Mais je ne choisis pas. Je ne dois plus penser. Mais quand vais-je revoir Zag? Et comment va-t-elle me trouver dans le jeu? STOP, ne pense pas! Oh non, voilà maintenant cette musique que je déteste. Et ça y est; la musique horrible prend toute la place dans ma tête. SIGMA gagne toujours!

****

Après une heure de méditation, j'ai quitté BeHappy et je suis sorti. Je marche dans les rues. Il n'y a pas beaucoup de monde, c'est un peu trop tôt. Le magasin ouvre dans trente minutes. Je veux penser à Zag, à son histoire folle. Mais je ne DOIS PAS PENSER!

Les gens me stressent. Je tourne dans une petite rue sombre. Je ne suis jamais venu ici. Au bout de la rue, il y a un mur. Je dois faire demi-tour. Mais pourquoi est-ce que je suis venu ici?

Tout à coup, dans le casque, il n'y a plus de lumière, plus de bruit, plus d'image. Il n'y a plus rien. Je suis aveugle.
J'entends une voix qui me dit:
– Enlève ton casque!
C'est totalement interdit. Je ne peux pas faire ça. Je demande:
– Qui êtes-vous d'abord? Que voulez-vous?
– Enlève ton casque et je vais t'expliquer.
La voix est calme. Une voix d'homme.
– J'ai peur...
– As-tu peur de moi ou de SIGMA?
– Euh... un peu des deux!
Il rit et j'enlève le casque.
La première chose, c'est l'odeur horrible qui entre dans mon nez! La saleté, les déchets, c'est vraiment insupportable...
La deuxième chose, c'est un petit homme qui me regarde. Il n'a pas de casque.
– Tu dois avoir beaucoup de questions, n'est-ce pas Shôma?
Mais oui, bien sûr, je reconnais son sourire triste.
– Êtes-vous... Xiāo-Men? C'est ça?
– C'est ça! J'ai demandé à Zag de te retrouver. On y va?
– Euh, où allons-nous? Et comment?
Je regarde les murs autour de moi.
Le petit homme fait quelques pas vers la droite, je suis à côté de lui.
– Tu sais, Xiāo-Men, ça veut dire «petite porte» en chinois!
Devant nous, tout à coup, il y a une entrée dans le mur, comme un tunnel. Mais un vrai tunnel, il n'y a plus de casque, ce n'est pas un jeu. Nous entrons.

9 Le tunnel

Nous marchons longtemps dans le tunnel. Je suis derrière Xiāo-Men. Je porte mon casque sous le bras. Il ne fait pas trop chaud. Xiāo-Men est devant moi. Je lui demande:
– Où va-t-on?
– Dans la dernière zone, quartier 77.
– La NoGoZo?
– Oui, la zone du recyclage. C'est le seul endroit où les Néos et les Klims peuvent se rencontrer. On trouve aussi beaucoup de trucs d'occasion.
– Qui a fait ce tunnel?
– Des gens comme toi et moi, des gens qui réfléchissent et qui choisissent leurs vies. Des gens qui veulent être libres.
– C'est très dangereux…
– Oui, c'est vrai. Les gens prudents restent devant les écrans et la vérité ne les intéresse pas. Nous choisissons un autre chemin. Pas parce que nous voulons de l'action ou de l'aventure, mais parce que nous savons que c'est notre devoir.
– Votre devoir? Mais pourquoi?
– Parce que nous vivons dans un cauchemar, Shôma. Nous espérons que nous allons pouvoir le quitter.
Je voudrais poser encore mille questions, mais pas maintenant. Il y a des carrefours dans le tunnel et des petits chemins qui partent à gauche ou à droite.
Nous rencontrons quelques personnes. Elles ont l'air pressées. Qui sont ces gens? Pourquoi ne montrent-ils pas leurs visages? Où vont-ils? Que font-ils?
Je n'ai pas parlé, mais Xiāo-Men devine que je suis curieux.
– Tout le monde a une bonne raison d'être ici, tu sais.

On a marché au moins deux heures quand on arrive à la fin du grand tunnel. Cette fois, nous devons sortir vers le haut. Il y a une ouverture au-dessus de nos têtes. Une lumière jaune tombe dans le trou. Nous mettons la main devant nos yeux.

– Dois-je mettre le casque?

– Non, nous sommes en zone cryptée et sécurisée. Dans la No-GoZo, tout est possible! Vraiment tout!

À ce moment, une main forte plonge dans le tunnel et prend ma main. On me tire vers le haut et je ne peux rien faire. La lumière est vraiment forte, c'est très difficile de voir quelque chose. J'ai très mal aux yeux. On me parle:

– Prends ton temps!

Cette voix!! Mais non, c'est impossible!

10 Mikhil

Je suis dans ses bras et je veux rester là encore des heures, des nuits, des jours. Pas de questions, pas tout de suite. Seulement être avec, contre lui. Sentir que je suis petit, un petit garçon et qu'il est revenu, que je ne suis plus seul. Il ne va plus me quitter. Il pleure, je pleure aussi.

– Papa!

– Mon fils, mon garçon, mon petit!

On ne peut pas parler plus tout de suite. Impossible.

Nous marchons maintenant dans les rues de la NoGoZo.
Nous sommes tous les trois, Xiāo-Men, papa et moi.
– Mikhil, ils sont tous là? demande Xiāo-Men.
Mikhil, le prénom de mon père. Tout à coup, un souvenir arrive; j'entends la voix de ma mère qui parle à mon père. Il lui raconte des blagues, des histoires. C'est un vrai souvenir, pas un jeu ou une application de SIGMA.
– Oui, tout le monde est là, répond mon père. On va pouvoir commencer. La zone va être cryptée pendant encore deux bonnes heures.
– Très bien, je pense que ça va aller.
C'est la nuit et il y a beaucoup de monde dehors. On marche vite. Ça sent très mauvais. Papa m'explique:
– Dans la NoGoZo, on trie les déchets du Condo, tu sais. Tous les déchets. Après, on leur envoie les produits recyclés. Les gens qui font ce travail viennent des Zones. C'est très secret, ils sont dans un programme spécial. SIGMA les choisit et les surveille. Ce sont les meilleurs. Ils doivent aussi prendre une eau et un pain spéciaux. Quand ils retournent dans les Zones, ils ne parlent pas, ils ont oublié. Si quelqu'un parle, il est en très grand danger.

– Mais tu fais ce travail avec les déchets, toi?
– Moi aussi, oui. J'ai tout fait pour avoir ce travail tu sais. Grâce à ça, je peux avoir des informations très importantes.
Il regarde Xiāo-Men. Lui et mon père sont très amis, je le vois.
Le petit homme me dit:
– Ton père et moi, nous travaillons depuis des années ensemble dans la Résistance.
Je n'ai jamais entendu ce mot. Je demande:
– C'est quoi la Résistance?

– Eh bien, les résistants sont les gens qui veulent quitter le cauchemar de SIGMA, du Condo et des Zones. Je t'ai déjà expliqué ça dans le tunnel. Pour faire ça, nous voulons mettre des petits grains de sable dans la machine. Tu comprends, Shôma? Le grain de sable est parfois très fort, très très fort, plus fort que les armées et les soldats!
– Je pense que je comprends. Mais papa… tu m'as manqué! Beaucoup!
– Shôma, je suis vraiment désolé! J'ai dû partir dans la NoGoZo. Je n'ai pas voulu revenir parce que j'ai eu peur de te mettre en danger. J'ai fait beaucoup de choses très dangereuses et interdites. Mais tu sais, tu ne m'as peut-être pas vu mais, j'ai toujours été là.
– Quoi? Mais où ça?
– Dans AvatarAnimal, par exemple. J'ai été une puce dans tes poils de chien, j'ai été un oiseau posé sur ton dos de vache… J'ai toujours été là, mon garçon! Dans BeHappy, aussi, j'ai discuté avec toi sous des pseudonymes différents. Tu as gagné beaucoup de points grâce à moi. J'ai acheté tous les jeux que tu as présentés!
Il sourit.
– Quoi? Mais ce n'est pas possible! Mais papa, pourquoi suis-je ici aujourd'hui avec vous? Pourquoi maintenant?
– Parce que tu es assez grand maintenant pour venir avec nous. J'ai attendu ce moment très longtemps. Et aussi parce que tu es un vrai expert dans SIGMA. En plus, tu es super rapide, tu sais même repousser le Grand Sommeil. Tu connais aussi très bien les Zones et tu as une force mentale exceptionnelle. Nous avons besoin de toi!
Xião-Men ajoute:

– Et parce que nous avons fait une découverte incroyable! Nous n'avons plus beaucoup de temps.

Nous sommes arrivés maintenant devant un très grand bâtiment. Une femme nous attend devant une porte.

11 NewGenesis

Dans la pièce, il y a environ cinquante personnes autour d'une très grande table. Derrière, il y a aussi des hommes et des femmes avec des armes. J'ai l'impression que quelqu'un me regarde. Je tourne la tête à gauche et je vois Zag.
La femme qui a ouvert la porte commence à parler.
– Bienvenue à tous. Si vous êtes d'accord, ne perdons pas de temps. Elle allume un écran au-dessus de la table.

– Grâce à Xiāo-Men et Zag, nous avons fait une découverte qui a changé tous nos plans et tous nos projets. Zag?
Zag me regarde. Elle est comme dans le jeu: des cheveux noirs courts, des grands yeux. Moi, j'ai beaucoup changé. D'habitude, je choisis toujours des avatars très cool. Elle doit me trouver nul comme ça… Zag va parler.
– Comme vous savez, ma mère Raja est numéro 3 du Condo et responsable du programme NewBorn que vous connaissez tous. Avec ce programme, les gens du Condo espèrent qu'ils vont pouvoir rester jeunes pour toujours. Mais ce n'est pas le sujet d'aujourd'hui. Elle me regarde et continue.

– Il y a quelques mois, j'ai remarqué que le laboratoire NewBorn a commencé à faire des expériences différentes. Ma mère est devenue très nerveuse. Je n'ai d'abord pas compris pourquoi. J'ai cherché… et j'ai trouvé. Avec les hackers de la Résistance, nous sommes entrés dans le système de NewBorn et nous avons trouvé des informations très bien sécurisées et cryptées. Ça n'a pas été facile! Le dossier s'appelle NewGenesis et c'est vraiment incroyable! Nous avons d'abord trouvé beaucoup de vidéos. Nous sommes sûrs que les drones du Condo ont pris ces images. Regardez cette vidéo! … Bienvenue chez les Samis.

Tout à coup, on voit un film sur l'écran. Comme dans AvatarAnimal quand on est un oiseau. Mais là, on voit tout de suite qu'on n'est pas dans SIGMA et qu'on n'est pas dans BeHappy avec ses fausses couleurs et sa musique horrible.
Après quelques secondes, dans la pièce, tous les gens sont debout. Les vieux pleurent, les jeunes ont la bouche grande ouverte.

Sur l'écran, il y a la mer, bleue et verte. Il y a une plage très grande. Des gens qui nagent, des jeunes femmes dans un petit bateau. Il y a aussi des chiens qui jouent avec des enfants. Un peu plus loin, on voit un village avec quelques maisons. Il y a des gens qui font des choses que je ne comprends pas. Mais tout est calme, c'est très, très beau! Les gens ont l'air très contents, heureux! Nous ici, nous ne connaissons pas ça…
Xião-Men reprend la parole.
– Le Condo a découvert cet endroit il y a déjà quelques mois. Les gens de NewBorn ont fait des calculs et analysé l'endroit. Ils ont bien réfléchi… et le projet NewGenesis est né.
– Mais alors, qu'est-ce que c'est NewGenesis? demande un homme.

– Eh bien, NewGenesis, c'est le retour vers la vie, une nouvelle naissance. Dans quelques jours, Wargame, l'armée du Condo, va prendre cet endroit parce que les Néos veulent vivre là. Mais il n'y a pas assez de place pour tout le monde. Le territoire est trop petit. C'est pourquoi les soldats vont prendre ses habitants, les Samis, et les mettre dans une nouvelle zone. Elle s'appelle la Zone S, elle est derrière la NoGoZo!
Zag a l'air très triste, mais aussi très en colère. Elle explique:
– L'attaque des soldats est pour la semaine prochaine. En ce moment, nous savons que des soldats partent tous les jours vers le territoire des Samis. Les Samis ne savent rien. Ils pensent qu'ils sont seuls depuis la grande catastrophe. C'est dans l'ancien pays de Suède. Nous avons regardé toutes les vidéos et lu tous les rapports de NewBorn sur les Samis. Nous les connaissons bien maintenant. Nous savons par exemple qu'ils parlent une ancienne langue. Je l'ai apprise en programme rapide.

Autour de la table, tous les gens sont choqués.
– Et maintenant, que pouvons-nous faire? demande une jeune fille.
Xiāo-Men reprend la parole:
– Maintenant, nous pouvons utiliser nos grains de sable. Zag, Shôma, vous partez ce soir vers le territoire des Samis…

12 Grains de sable

Toute la journée, j'ai appris la langue des Samis avec le programme de Zag. J'ai aussi regardé les documents, les photos et les vidéos. Je n'ai jamais vu quelque chose de beau comme ça. Même SIGMA ne peut pas nous donner ça avec ses belles images et ses séries à la mode! Papa, Zag et Xiāo-Men m'ont expliqué beaucoup de choses. Maintenant, j'ai mal à la tête.
– T'inquiète, a dit Zag. Ça va aller!
Le soir est arrivé vite. Zag et moi, on a mis des nouveaux vêtements. Ce sont des combinaisons spéciales qui peuvent changer de couleur. Quand on est devant un mur noir, elles sont noires. Quand on est devant un mur blanc, elles deviennent blanches en une seconde. On a aussi des casques spéciaux pour voir la nuit et pour rester en contact avec les résistants. Grâce aux casques, on peut leur montrer où on est et leur poser des questions.

À minuit, on sort, Zag et moi. On doit aller à la station des trains de l'armée. C'est une zone interdite, mais avec nos combinaisons, SIGMA ne peut pas nous trouver. Dans le casque, on voit où on doit aller. On arrive à la station; il y a un train avec beaucoup de soldats. Nous devons aller à la voiture 15 et attendre la dernière minute avant le départ. J'ai chaud, c'est horrible. Ce n'est pas un jeu ici. Tout à coup, c'est le signal, on saute sous le train. Comme Xiāo-Men nous l'a expliqué, il y a une grande plaque de métal. Il y a exactement la place pour Zag et moi. On s'attache. Le train part. Il est très rapide, il ne fait pas de bruit. On entend le vent, c'est tout.

C'est un voyage de 2000 kilomètres. On les fait en quatre heures. Il fait encore nuit quand le train entre dans la nouvelle base souterraine de l'opération NewGenesis. Les soldats descendent et ils prennent le matériel. Ce ne sont que des armes. Ils portent tout vers des grands bâtiments. Nous, on doit partir et retrouver les Samis qui sont à environ 80 kilomètres d'ici.

Avec nos casques, Zag et moi, nous pouvons communiquer sans parler. Quand on pense, l'autre comprend. J'entends Zag:

– Comment ça va? Tu es prêt?

– Oui, on y va.

Les soldats sont partis, on fait vite. On peut voir la carte de la base dans le casque. Alors, on sait où sortir. On ouvre une porte et on marche dans les grands tuyaux d'aération. Vingt minutes plus tard, on est dehors, de l'autre côté des murs. Le soleil arrive. On marche dans quelque chose de bizarre. Ça bouge sous nos pieds. Mais oui, je connais ça! Mais dans AvatarAnimal, c'est pas du tout la même chose! De l'herbe!

13 Le lieu de l'Oubli

On a marché pendant deux jours. Il ne fait pas trop chaud ici! Et c'est fantastique! On ne peut pas enlever les casques et les combinaisons pour ne pas perdre le contact, c'est dommage. J'ai tellement envie de sentir, de toucher, de voir!
Le deuxième soir, on a vu un truc incroyable. De loin, on a d'abord pensé que c'est une petite montagne. Mais non, c'est un tas immense d'ordinateurs, de smartphones (Zag dit que ça s'appelle comme ça!), de tablettes... Il y a des millions d'appareils numériques très anciens!

Trente minutes plus tard, on est arrivé à côté du village des Samis. Zag et moi, on est derrière des arbres (des VRAIS arbres!) et on les regarde. C'est la plage de la vidéo. Les gens sont là, discutent, racontent des blagues, les enfants rigolent. Il y a un feu et ils préparent ensemble quelque chose pour manger.
Zag m'a regardé et j'ai compris! À trois, on y va, doucement, les mains en l'air. 1, 2, 3!

On a marché très lentement. Et tout à coup, une petite fille nous a vus. Zag a dit: «N'ayez pas peur! Nous sommes des amis!» La petite a crié très fort! Après, tout est allé très vite. Les Samis sont venus vers nous, ils nous ont pris et nous ont enfermés dans une petite maison. Zag et moi, on leur a parlé, mais ils ne nous ont pas écoutés. Ils ont pris nos casques et nos combinaisons.

Ça fait maintenant trois jours qu'on est là. Mais aujourd'hui, Nanit, la cheffe des Samis, est venue pour nous parler.

Nanit nous écoute. Zag parle du Condo et des Néos, je parle des Zones et des Klims. On parle de SIGMA, de NewBorn, de l'eau et du pain nouveaux, du Grand Sommeil, de Mikhil, de Xião-Men, des résistants. Parfois, Nanit pleure, parfois, Nanit sourit.
Elle dit: «Nous ne sommes pas seuls; nous ne sommes plus seuls, nous n'avons jamais été seuls!»
Nous n'avons pas encore parlé du projet NewGenesis et des soldats de Wargame. Nous devons le faire maintenant, on ne peut plus perdre de temps!
– Nanit, commence Zag, nous sommes venus parce que vous êtes en grand danger et…
Nanit lève la main:
– Ne me dis rien maintenant. Venez avec moi au lieu de l'Oubli.
Nous partons avec Nanit. Nous marchons en silence et nous arrivons devant la montagne de déchets.
– C'est le lieu de l'Oubli, explique Nanit. Nous avons laissé ici les machines et le mal qu'elles ont fait. C'est un lieu interdit. Seulement les sages viennent ici et réfléchissent au passé. Nous avons gardé seulement les livres, le papier, les romans, les poèmes…
– Nanit, je comprends et je suis désolée, dit Zag, mais je pense que nous devons réveiller le passé! Pour sauver le futur…

14 La touche «Envoi»

Nanit a compris. Nous sommes sur la plage. C'est une très belle journée. Zag et moi, nous avons nagé dans l'eau bleue, on a mangé des poissons et joué avec les enfants. Nous avons filmé tout ça. Nous avons tout raconté… et nous avons commencé notre travail.

Cette fois, SIGMA, JE décide! Tu vas jouer à un nouveau jeu! Combien de fois j'ai fait ce rêve du super hack! Je peux le faire. Zag et moi, nous mettons nos combinaisons et nos casques. Je rentre dans SIGMA, dans le système des Zones. J'ai tous les codes, papa m'a tout donné. Je mets les images du Condo, du labo de NewBorn. Je rentre aussi les images des Zones et de la NoGoZo. Et pour finir, je poste nos images et nos vidéos de la plage et du village des Samis. Il y a aussi une vidéo de Nanit au lieu de l'Oubli. Tout est prêt. Ça va partir à la vitesse de la lumière et ça va arriver sur tous les écrans des Zones en même temps! Zag poste tout aussi, mais sur le système du Condo.

Est-ce qu'il faut le faire? Nanit est derrière moi. Tous les Samis sont sur la plage et tout à coup, c'est le silence. On entend un ou deux chiens et quelques oiseaux.

J'ajoute un message vocal: «Vous avez vu nos images. Voilà la seule vérité. La vérité des trois mondes. Nous pouvons reconstruire une vie ensemble, sortir des Zones et du Condo, apprendre de nouveau… grâce aux Samis. C'est une très grande chance, nous sommes au début de l'histoire! Ensemble, nous devons combattre le mensonge. Enlevez vos casques, ne mangez plus le pain nouveau! Parlez, ouvrez les portes entre les mondes!»

Je regarde Nanit, j'hésite et elle comprend. Elle me sourit et elle appuie sur la touche «Envoi».

FIN

Liste des mots

Symbole und Abkürzungen

f. *féminin* (= feminin, weiblich)
m. *masculin* (= maskulin, männlich)
pl. *pluriel* (= Plural, Mehrzahl)
qc *quelque chose* (= etwas)
qn *quelqu'un* (= jemand)
différent/e Vokabel aus SB Découvertes neu 2, Unité 6

différent/e verschieden, unterschiedlich
le monde die Welt
un/e habitant/e ein/e Bewohner/in
un/e survivant/e ein/e Überlebende/r
une catastrophe eine Katastrophe
climatique klimatisch
sale schmutzig
pauvre arm
un/e exilé/e ein/e Verbannte/r
un programme informatique ein Computerprogramm
contrôler qn/qc jdn./etw. kontrollieren
la vie das Leben
grâce à qn/qc dank einer Person/einer Sache; durch jdn./etw.
un casque ein Helm
un réseau social ein soziales Netzwerk
jouer à qc etw. spielen (*ein Spiel*)
une armée eine Armee
un/e soldat/e ein/e Soldat/in
le recyclage das Recycling
un territoire ein Gebiet

Chapitre 1

la nuit die Nacht
moins weniger
le réveil *hier:* das Erwachen
une puce électronique ein Mikrochip
maximum höchstens
se connecter sich einloggen, online gehen
une zone eine Zone
un bloc ein Block
une odeur ein Geruch
dehors draußen
puer stinken
c'est pour ça que deshalb, aus diesem Grund
eux sie (*Personalpronomen 3. P. Pl., m., Nom./Akk., unverbunden betont*)
énervé/e genervt
avant de bevor
une seconde eine Sekunde
une application eine Anwendung, eine App
le poids das Gewicht
la taille die Größe
avoir le droit de faire qc das Recht haben, etwas zu tun
le sommeil der Schlaf
une caisse de refroidissement ein Kühlungskasten
ressembler à qn/qc jdm./etw. ähneln
l'énergie *(f.)* die Energie
vérifier qc etw. überprüfen
la pulsation der Pulsschlag
la respiration die Atmung
un site Internet eine Website, ein Internetauftritt

réfléchir nachdenken
éveillé/e wach
vivre leben

Chapitre 2

un écran eine Leinwand, ein Bildschirm
chaque jeder/jede/jedes
choisir qc etw. wählen, aussuchen
fort/e stark, laut
le poil das Haar
une oreille ein Ohr
un chien ein Hund
sentir qc etw. fühlen, spüren, riechen
un bras ein Arm
une jambe ein Bein
fantastique fantastisch
une fleur eine Blume
exister existieren
finir qc etw. beenden
une phrase ein Satz
une main eine Hand
une patte eine Pfote
un cri ein Schrei
C'est parti! Los geht's!/Nichts wie los!
en moyenne durchschnittlich, im Durchschnitt

Chapitre 3

une mise à jour ein Update
l'actualité ***(f.)*** die Aktualität, das Zeitgeschehen
spécial/e besonders, speziell
un point ein Punkt
un abonnement ein Abonnement
un tutoriel ein Tutorial
un podcast ein Podcast
une annonce eine Bekanntgabe
un/e journaliste ein/e Journalist/in
souhaiter qc etw. wünschen
voici hier ist, hier sind
une nouvelle eine Neuigkeit, eine Nachricht
améliorer qc etw. verbessern
un détail ein Detail
plusieurs mehrere
les médias ***(m.)*** die Medien
la télévision das Fernsehen
un magazine eine Zeitschrift
essayer de faire qc versuchen, etw. zu tun
la vérité die Wahrheit
disparaître verschwinden

Chapitre 4

Tant pis. Schade./Pech gehabt.
cliquer klicken
télécharger qc etw. herunterladen
un compte eine Rechnung, ein Konto
exact genau
un système ein System
créer qc etw. schaffen, erstellen, schöpferisch tätig sein
une loi ein Gesetz
consommer qc etw. konsumieren, verbrauchen
impatient/e ungeduldig
un médicament ein Medikament
agir handeln

un signal cérébral ein Gehirnsignal
un avertissement eine Mahnung, eine Verwarnung
fou/fol/folle verrückt
un labyrinthe ein Labyrinth
énorme enorm
cacher qc etw. verstecken
une grotte eine Höhle

Chapitre 5

la chaleur die Hitze
l'air *(m.)* die Luft
dehors draußen
un cri ein Schrei
agressif/ive agressiv
un drone eine Drohne
un/e espion/ne ein/e Spion/in
vendre qc à qn jdm. etw. verkaufen
fluide fließend
un indice ein Indiz
un passage eine Passage
un trou ein Loch
apparaître erscheinen, auftauchen
sans doute wahrscheinlich
un piège eine Falle
faux/fausse falsch
un doigt ein Finger
le contrôle mental die Gedanken-kontrolle
s'éteindre ausgehen, erlöschen
possible möglich

Chapitre 6

autour de qn/qc um jdn./etw. herum
un espace ein Platz, ein Raum
un début ein Anfang
N'est-ce pas? Nicht wahr?
énerver qn jdn. nerven
hésiter zögern
sourire lächeln
s'occuper de sich um etw. kümmern
hors contrôle außer Kontrolle
sécuriser qc etw. sichern, schützen
un profil ein Profil
discret/ète diskret
le cyberharcèlement das Cyber-Mobbing
un/e créateur/trice ein/e Schöpfer/in
respirer atmen
hyper echt, sehr
fabriquer qc etw. herstellen
l'oxygène *(m.)* der Sauerstoff
présenter qc à qn jdm. etw. vorstellen

Chapitre 7

un/e médecin ein Arzt/eine Ärztin
écologique ökologisch, umweltfreundlich
propre *hier:* sauber
en fait tatsächlich, eigentlich
un/e apprenti/e ein/e Auszubildende/r
devenir (expert) (Experte) werden
général/e allgemein
complexe komplex
un million eine Million
une partie ein Teil

échanger qc etw. (aus)tauschen
la graisse das Fett
une ride eine Falte
un essai ein Versuch
un/e fondateur/trice ein/e Gründer/in
riche reich
au début am Anfang
solidaire solidarisch
pacifique friedlich
rester en contact in Kontakt bleiben

Chapitre 8

anormal/e unnormal
la méditation die Meditation
le calme die Ruhe
Ça y est! Da haben wir's!
au bout de qc am Ende von etw.
faire demi-tour umkehren
aveugle blind
enlever qc *hier:* etw. abnehmen, ausziehen
totalement vollkommen
calme ruhig
rire lachen
le nez die Nase
la saleté der Schmutz
insupportable unerträglich
reconnaître qc etw. wiedererkennen
un pas ein Schritt
chinois/e chinesisch

Chapitre 9

se rencontrer sich begegnen
d'occasion Gebraucht-
un carrefour eine Kreuzung
pressé/e in Eile, hastig
le visage das Gesicht
vers le haut nach oben
une ouverture die Öffnung
au-dessus de qc über etwas
crypté/e kodiert, verschlüsselt
securisé/e abgesichert
plonger tauchen
tirer qc etw. ziehen
impossible unmöglich

Chapitre 10

pleurer weinen
trier qc etw. trennen
recyclé/e recycelt
surveiller qn/qc jdn./etw. überwachen, beaufsichtigen
le/la meilleur/e der/die/das Beste
un danger eine Gefahr
la Résistance der Widerstand
un/e résistant/e ein/e Widerstandskämpfer/in
un grain de sable ein Sandkorn
une machine eine Maschine
manquer à qn jdm. fehlen
une puce ein Floh
le dos der Rücken
une vache eine Kuh
un pseudonyme ein Pseudonym

repousser qc etw. abstoßen, zurückdrängen
une force mentale mentale Stärke
exceptionnel/le außergewöhnlich
avoir besoin de qn/qc jdn./etw. brauchen
incroyable unglaublich

Chapitre 11

une arme eine Waffe
une impression ein Eindruck
un sujet ein Thema
il y a (+ *Zeitangabe*) vor (+ *Zeitangabe*)
remarquer qc etw. bemerken
un laboratoire (un labo) ein Labor
une expérience eine Erfahrung
nerveux/euse nervös
un/e hacker/euse ein/e Hacker/in
un dossier ein Ordner
être debout stehen, aufgestanden sein
vieux/vieil/vieille alt
un calcul eine Berechnung
analyser qc etw. analysieren
la naissance die Geburt
une attaque eine Attacke
en ce moment im Augenblick, zurzeit
ancien/ne früher, ehemalig
un pays ein Land
la Suède Schweden
un rapport *hier:* ein Bericht
choqué/e schockiert
(re)prendre la parole das Wort (wieder) ergreifen

Chapitre 12

un document ein Dokument
une série eine Serie
la mode die Mode
une combinaison ein Overall
à minuit um Mitternacht
une voiture *hier:* ein Wagen
un signal ein Signal
une plaque eine Platte
le métal das Metall
s'attacher sich festschnallen
une base eine Basis
souterrain/e unterirdisch
une opération eine Operation
le matériel das Material, die Ausrüstung
ne ... que nur
communiquer avec qn mit jdm. kommunizieren, Nachrichten austauschen
un tuyau d'aération ein Lüftungsrohr
l'herbe *(f.)* das Gras

Chapitre 13

un lieu ein Ort
l'oubli *(m.)* das Vergessen, die Vergesslichkeit
tellement derart, so was von (*ugs.*)
toucher qc etw. berühren
un tas ein Haufen, ein Stapel
immense gewaltig
un smartphone ein Smartphone
une tablette ein Tablet(-Computer)
un appareil numérique ein digitales Gerät

un feu ein Feuer
doucement sacht
mains en l'air mit hocherhobenen Händen
lentement langsam
enfermer qn/qc jdn./etw. einschließen
le/la chef/fe der/die Anführer/in
lever erheben
laisser qc etw. hinterlassen, zurücklassen
le mal das Böse
le/la sage der/die Weise
le passé die Vergangenheit
garder qc etw. behalten, aufheben
un papier ein Papier
un roman ein Roman
un poème ein Gedicht
réveiller qn/qc jdn./etw. wecken
sauver qn/qc jdn./etw. retten
le futur die Zukunft

Chapitre 14

une touche eine Taste
l'envoi *(m.)* das (Ver-)Senden
un hack ein Hack
poster qc etw. posten
la vitesse de la lumière die Lichtgeschwindigkeit
un message vocal/des messages vocaux eine Sprachnachricht/Sprachnachrichten
reconstruire qc etw. wiederaufbauen
de nouveau erneut, noch einmal
combattre qc etw. bekämpfen
un mensonge eine Lüge
appuyer sur qc (auf) etw. drücken